¿Tartamudeas?: Una guía para adolescentes

Traducido del inglés por María de la Paz Coral

THE STUTTERING FOUNDATION®
PUBLICACIÓN NO. 0030

En vista de que eres un adolescente y de que a veces tartamudeas, ciertos problemas son únicamente tuyos. Este libro ha sido escrito por y para ti con la esperanza de ayudarte a resolver algunos de estos problemas.

Cada capítulo ha sido escrito por un especialista en el campo del tartamudeo. Tal vez te interese saber que algunos de ellos han tartamudeado; otros no. Sin embargo, todos concuerdan en que se puede hacer mucho para mejorar tu calidad de vida. Esperamos que este libro te ayude a hacer precisamente eso.

Jane Fraser
Directora

Primera Edición - 1987

Primera Edición en español - 2011

Fundación Estadounidense de Tartamudeo
Casilla Postal 11749
Memphis, Tennessee 38111-0749

Número de Catálogo de la Biblioteca del Congreso
ISBN 978-0-933388-98-7

La Fundación Estadounidense de Tartamudeo es una organización benéfica sin fines de lucro dedicada a la prevención y tratamiento del tartamudeo.

Índice

Uno

¿Por qué yo?

Richard F. Curlee, Ph.D.

Si tartamudeas probablemente te has preguntado miles de veces: ¿por qué yo?

Cualquier persona tartamudea: autores destacados, actores, personalidades de la televisión, atletas profesionales, colegiales, hombres de negocios, incluso reyes. Sin embargo, la mayoría es gente común que trata de terminar sus estudios, ganarse la vida, mantener una familia o tan sólo ser feliz. Gente como tú y yo. En un momento u otro todos nos sentimos tontos, débiles, inútiles, avergonzados, resentidos, enojados, temerosos o un poco extraños. Sin embargo, si tartamudeas tiendes a creer que te sientes de esta manera debido al tartamudeo. ¿Y tú? ¿Qué opinas del tartamudeo? ¿Cómo te sientes contigo mismo?

Siempre existe algo de dolor o de desdicha en las personas; algunas tienen más, otras menos. Es sólo una cuestión de intensidad. Lo que hace la diferencia es lo que hacemos con lo que no nos gusta. ¿Y tú? ¿Evitas llamar por teléfono? ¿Substituyes palabras "difíciles" por "fáciles"? ¿Terminas sintiéndote enojado o frustrado al tratar de hablar acerca de algo importante? ¿Te quedas callado cuando estás rodeado de desconocidos? ¿Te quedas apartado en las fiestas? ¿Pierdes a veces la esperanza de poder mejorar tu habla? No eres el único que siente eso, y por eso este libro fue escrito para ti. Tal vez no encuentres todas las respuestas que buscas, pero podrás entender mejor tu tartamudeo y cómo mejorar tu situación cuando ya lo hayas terminado de leer.

Esconderse

Muchas personas tratan de esconder cosas sobre ellas mismas que no les gustan. Es por esto que en los Estado Unidos se venden cada año millones de dólares en tintes de cabello, pelucas, zapatos de plataforma, maquillaje, sostenes con almohadillas y similares. Sin embargo, algunas veces, tratar de esconder empeora las cosas. Puede incluso crear problemas mayores a los que tratabas de esconder. Si te encuentras evitando hablar, o evitando participar en alguna actividad, significa que tu mundo está girando alrededor del tartamudeo. También estás aprendiendo a la fuerza algunas lecciones muy dolorosas sobre tartamudear y esconderse.

El miedo casi siempre aumenta cuando una situación de temor se aproxima más y más. Ahora bien, a nadie le gusta sentir miedo, y todos nosotros tratamos de deshacernos de este tipo de sentimientos lo más rápido posible. Pero esto no siempre es bueno puesto que una vez que decidimos evitar algo por miedo a tartamudear, el alivio que sentimos nos "enseña" a evitar situaciones similares en el futuro. Con el tiempo, generalmente tenemos miedo -cada vez en mayor grado- de más y más situaciones. ¿Pierdes mucho tiempo y energía preocupándote y planeando cómo evitar tartamudear pero no te centras en tu forma de hablar y en el momento preciso de hacerlo? ¿Parece que tu mundo se hace cada vez más pequeño?

Evitar hablar y evitar tartamudear son simplemente maneras de esconderse. Algunas personas tratan de camuflar las dificultades anticipadas por medio de la substitución de palabras. Otros dicen "eh" o "mmm" para ayudarse a empezar o para posponer un obstáculo anticipado. Otros incluso contienen el aliento, ponen tensa la quijada o guiñan los ojos para "ayudar a que salga la palabra". ¿Te son familiares algunos de estos "trucos"? ¿Te parece que el tartamudeo es una especie de enemigo, que se esconde en tu interior, con el cual luchas y peleas a diario? ¿Te ayudan realmente algunas de estas cosas a hablar? ¿Estás desanimado porque tus esfuerzos anteriores para mejorar tu habla fracasaron? ¿Tienes miedo de darte otra oportunidad o miedo de terminar sintiendo que fracasaste otra vez? Continúa leyendo.

Muchos de nosotros tratamos de evitar las cosas que no nos gustan, y para aquellos que tartamudeamos, esto significa evitar a menudo aquellas situaciones o circunstancias en las cuales tenemos miedo de sentirnos avergonzados por el tartamudeo. Por ejemplo: ¿Dejas con frecuencia que otras personas contesten el teléfono incluso si estás cerca? ¿Cuando estás en un restaurante ordenas a veces lo que piensas que puedes pronunciar del menú en lugar de lo quieres? ¿Dejas que tus profesores piensen que no conoces una respuesta en lugar de responder en clase? ¿Vagas de tienda en tienda buscando lo que quieres en lugar de preguntar dónde lo puedes encontrar? ¿Concuerdas con otros porque puede ser difícil expresar tu desacuerdo? ¿Qué es lo que más odias, tu tartamudeo o la manera cómo reacciona la gente? ¿Tienes miedo de ser simplemente tú mismo? ¿De qué exactamente te escondes?

Pensamientos y comportamientos derrotistas

Lo que piensas afecta lo que hagas y cómo te sientas. Si eres como la mayoría de muchachos que tartamudea, tu tartamudeo va y viene. Tienes días buenos y días malos. A veces hablas casi sin ninguna dificultad; otras veces quisieras simplemente morirte a causa de la frustración y humillación que provoca en ti el tartamudeo. No es raro escuchar a muchachos que tartamudean decir cosas tales como:

Si me sintiera más seguro no tartamudearía.

Cuando eso ocurre simplemente entro en pánico y mi habla se va al diablo.

Tartamudeo porque me falta confianza en mí mismo.

Todo esto indica que la manera cómo nos sintamos dicta la manera cómo hablamos. ¿Qué te dices a ti mismo cuando tartamudeas? ¿Has pensado alguna vez que debes ser tonto, o débil, o nervioso, o cualquier otra cosa, simplemente porque tartamudeas? ¿Tienen algo que ver esos pensamientos con cómo te sientes...con cómo hablas?

A los oyentes también se les puede culpar de hacernos tartamudear. Por ejemplo, has pensado alguna vez:

Simplemente no puedo dejar de tartamudear frente a desconocidos.

Los profesores hacen que empeore mi habla.

Parecía tan ocupado e impaciente que me bloqueé.

Este tipo de pensamientos probablemente reflejan, al menos al principio, sentimientos de impotencia que aparecen cuando fracasamos al alcanzar una meta. Son comunes para todos nosotros, y con el tiempo, nos convencemos de ellos. Si crees que vas a fracasar al tratar de caminar por un tronco en un riachuelo, ¿cómo afecta esto la posibilidad de que te mojes los pies si lo intentaras? Si piensas que vas tartamudear, ¿cómo afecta esto la manera como hablas? ¿El pensar que tu nombre es difícil de pronunciar lo hace más fácil o más difícil de pronunciar? ¿Pensar que tan sólo estás teniendo un mal día hace más fácil o más difícil trabajar en tu habla? ¿Crees en la auto derrota? ¿Estás listo para desafiar tu miedo a hablar y tu idea de que no puedes cambiar tu habla? ¿Estás listo para emprender la parte más difícil: el duro trabajo de cambiar? Si tu respuesta es sí, ¡diste con el libro correcto!

Hacerse cargo

Muchas personas que tartamudean pasan gran parte del tiempo tratando de averiguar por qué lo hacen. Piensan que si encuentran una respuesta a esta pregunta, se curarán. Esta manera de pensar, desafortunadamente, no es correcta y hace que las personas se centren en el pasado. ¿Todavía pasas mucho tiempo tratando de averiguar por qué tartamudeas? Tal vez ya sea hora de que empieces a trabajar en lo que tú sí *puedes* cambiar.

Ya sabes las malas noticias: no se conoce cura alguna para el tartamudeo. Las buenas noticias son que tú puedes cambiar lo que haces. Los sentimientos sobre nosotros mismos cambian cuando lo que hacemos cambia. Nuestra manera de pensar sobre nosotros mismos cambia cuando nuestras acciones cambian. Ciertamente, algunos cambios son fáciles y otros no tanto. De hecho, algunos cambios pueden parecer imposibles al comienzo. Tal vez sea así como te sientes ahora a causa de tu tartamudeo. Quizás tu habla ha empeorado porque tus esfuerzos anteriores para mejorar fueron ineficaces o efímeros. Tal vez incluso parecía que te habías "curado" por un momento hasta que tu habla recaía nuevamente. ¡Estarías loco si no tuvieras dudas! Una cosa es hablar y esperar cambios, pero hacer esos cambios no es fácil.

Hablar es algo que tú haces. Si tartamudeas cuando hablas, tartamudear es algo que también haces. Con mucho trabajo y esfuerzo de tu parte, y tal vez con alguien que te ayude, puedes dejar de evitar aquellas situaciones en las que temes tartamudear. Puedes parar de intentar camuflar tu tartamudeo. Puedes cambiar tu manera de hablar. Puedes de hecho empezar a liberarte del tartamudeo. Pero seamos claros en lo que eso significa. Casi siempre, la recuperación es un proceso largo y gradual. No existe atajo ni manera fácil. Tienes que aceptar que mejorarás poco a poco. Los cambios sustanciales y duraderos ocurren únicamente luego de un largo período. Desgraciadamente, las recaídas periódicas también pueden ocurrir. Pero aun así se las puede superar dependiendo de cómo respondas. A la larga, sin embargo, puedes tartamudear menos, hablar más cómodamente y ser menos desdichado si te propones mejorar. ¿Te parece un objetivo aceptable? ¿Estás listo para asumir la responsabilidad de lo que haces? ¿Es este el momento adecuado para que te hagas cargo de cómo hablas?

Aprender a ser responsable de tu vida es parte del crecimiento, una parte importante. Es más importante crecer que hacerse viejo, y es más importante hacerse responsable que decidir qué hacer. Tienes que *hacer* lo que tú decidas. Ahora bien, tienes toda la razón de dudar que sea posible cambiar algo que a veces parece tan inalterable. Puedes incluso no querer intentar trabajar en tu tartamudeo en este momento. Está bien; no hay nada de malo con eso. Puede haber muchas cosas en tu vida que sean mucho más importantes que cuán fluido o trabado seas al hablar. Si tu tartamudeo no te molesta por ahora, no hay razón para que te sumerjas en el trámite de cambiarlo. Los esfuerzos a medias están predestinados a fracasar, y tratar de cambiar tan sólo para agradar a otros tiene pocas probabilidades de éxito. Cuando decidas trabajar en tu tartamudeo debería ser porque has hecho un compromiso contigo mismo por cambiar. Es algo que tienes que hacerlo para ti mismo.

Si decides continuar leyendo, te informarás mucho más sobre el tartamudeo y cómo puedes hacer para conseguir ayuda. Este es el tipo de libro que tiene secciones que probablemente querrás volver a leer varias veces. Puede también crearte ciertas preguntas que querrás reflexionar por un momento. Tal vez incluso quieras discutir algunas de ellas con un amigo íntimo o con alguien en quien confíes, alguien cuyas opiniones valores.

Indiferente a lo que decidas hacer ahora, debes recordar que muchos otros muchachos enfrentan o han enfrentado problemas similares. Muchos probablemente tenían dudas y temores similares, y también algunas de las esperanzas y sueños que tú tienes. No sólo no estás solo, sino que tienes comprensión y ayuda a la mano. Bueno, eso es todo. No más preguntas. No más sermones. Lo que hagas a continuación depende de ti.

Dos

Realidad y mitos

Edward G. Conture, Ph.D.

Alguna vez fui un adolescente. También lo fue tu profesor de matemáticas, tu entrenador de baloncesto y, aunque no lo creas, incluso tu mamá y tu papá. Sí, lo sé, aquellos fueron los malos días pasados y las cosas son muy diferentes ahora; y tendré que aceptar ciertas cosas como el láser, las computadoras y cosas parecidas que son bastante diferentes ahora de cuando yo era un adolescente. Sin embargo, creo que *tú estarás* de acuerdo en que algunas de estas diferencias no hacen mucha diferencia respecto a la manera en que pensamos y sentimos sobre nosotros mismos.

Puedes ser único pero eso no te hace diferente

Piensa, por ejemplo, en ese niño de cinco años al final de la cuadra aprendiendo a manejar su primera bicicleta. ¿Recuerdas cuando estabas aprendiendo por primera vez a manejar tu propia bicicleta? ¿Todas esas caídas, las veces en que no podías descifrar cómo detener la bicicleta y después cuando por fin la manejaste por más de tres metros sin caerte? Debes sonreír pensando en ese niñito aprendiendo a manejar su bicicleta porque te recuerda tus propias experiencias. ¿Qué pasaría, piensas, si le dijeras a este pequeño de cinco años que tú pasaste por las mismas experiencias? ¿O si le dijeras que puedes recordar lo difícil que fue aprender a manejar tu bicicleta y que por eso él debería hacer esto o aquello para aprenderlo más fácil y rápidamente? Las probabilidades son que este niño de cinco años escuche educadamente tus sabias palabras y que después, poco después de que te marches, ¡vaya a desafiar el equilibrio a su manera!

Los ves, la mayoría de nosotros -tú, yo y el pequeño niño de nuestro ejemplo- pensamos en nuestras experiencias como únicas, como un "asunto" que tiene una primera vez. Hasta cierto punto, está bien porque cada uno de nosotros es único. Lo que olvidamos, sin embargo, es que aun cuando todos seamos diferentes, muchas de nuestras experiencias, como montar bicicleta, son tan parecidas que podemos aprender mucho de otros que ya han tenido estas experiencias. Seguramente, cada situación puede parecerse en una variedad de maneras pero eso también está bien. Si imaginamos, por ejemplo, una fiesta donde todos están bailando al ritmo de la música, probablemente veríamos que no todo el mundo está bailando exactamente de la misma manera. Lo que los bailarines comparten entre sí es el acto de bailar al ritmo de la música. No tienen que hacer exactamente los mismo pasos de baile para compartir la común experiencia de bailar. En otras palabras, sólo porque tu aproximación particular a una situación sea diferente, no significa que tus reacciones y sentimientos no se parezcan a los de otros que pasan por la misma situación. Sí, cada uno de nosotros es único pero eso no significa que seamos tan diferentes de los demás.

La mayoría de los problemas son similares. Lo que difiere es cómo los manejamos

De hecho, es esta similitud en los problemas de las personas lo que los permite, por ejemplo, relacionarse con las letras de varias canciones conocidas. Por ejemplo, puede que incluso nunca hayas oído hablar de esta canción, pero es muy fácil entender a Janis Joplin cuando canta que a veces "*...it looks like everybody in this whole round world is down on me...*" (...parece que todas las personas del mundo están en mi contra...). O cuando Charlie Brown pregunta, "*Why is everybody always picking on me.*" (¿Por qué todo el mundo siempre me molesta?). A veces tú también puedes sentirte un poco como Charlie Brown o la persona de la canción de Joplin. Tus problemas parecen aumentar hasta el punto en que piensas que nadie podría tener nunca tanta mala suerte ("Si no fuera por la mala suerte, no tendría suerte de ninguna manera"). No obstante, la verdad es que todo el mundo tiene problemas. Lo que sí difiere entre las personas es la manera como los manejan o lidian con ellos. Es esta destreza para lidiar, esta habilidad para manejar los problemas lo que realmente importa.

Todo lo cual me conduce al punto más importante de mi historia. Una buena manera para que lidies con tu tartamudeo es conseguir toda la información que puedas sobre tu problema de habla. Ahora bien, yo realmente no puedo decirte todo lo que se sabe sobre el tartamudeo pero puedo compartir contigo la información actual más importante sobre ciertos aspectos del tartamudeo que pueden estar molestándote. Esta información probablemente no te dé el poder para "dejar de tartamudear," pero te ayudará indudablemente a ver tu problema un poco más claramente, lo cual te debería ayudar a lidiar mejor con él.

"Los tartamudos no son tan tiesos como parecen" y otros cuentos de hadas.

A veces cuando abres la boca para hablar parece que la gente te mira como si te faltara algo. Piensas que te miran como si fueras un poco raro, o un poco loco. Bien, primero deberías darte cuenta que es su problema, no el tuyo. Nuestra información más actual indica que los tartamudos, en su totalidad, están razonablemente intactos tanto emocional como psicológicamente. De hecho, lo que asombra a las personas que trabajan a diario con tartamudos, por ejemplo a los patólogos del habla y lenguaje, es que los tartamudos son absolutamente normales pese a que frecuentemente tienen problemas al hablar. Por supuesto, a veces no quieres hablar a pesar de que sabes qué decir. Otras veces evitas ciertas situaciones donde tienes que hablar, pero muchas veces este miedo a hablar es, en su mayoría, una reacción normal a acontecimientos anormales. Es decir, no te parece un poco extraño que alguien siempre disfrute hacer alguna cosa que le era difícil realizar. Si haces terapia, los médicos pueden tratar de ayudarte a reducir las evitaciones, los temores y ansiedades al hablar. Ellos comprenderán que estos son aspectos típicos del tartamudeo y que no es algo que uno debe esconder o razón para sentirse avergonzado. En todo caso, ser un tartamudo y tener estas preocupaciones no significa de ninguna manera que estés loco, rayado o que hayas perdido la razón. Estás simplemente reaccionando de manera normal a las circunstancias.

Los oyentes pueden ser los que en realidad se pongan nerviosos en una conversación

Uno de los dichos más comunes sobre los tartamudos, que estoy seguro habrás escuchado, es que "...tartamudean porque están nerviosos." Sin embargo, ¡lo que nunca se preguntan es si el oyente que dice que estás nervioso también está nervioso! Muchas veces las personas atribuyen sentimientos propios a las demás. Por ejemplo, un oyente que no soporta esperar (como en un semáforo) puede ponerse "nervioso" al esperar que los tartamudos terminen sus ideas. Un oyente que se siente nervioso cuando tartamudeas puede suponer que tú compartes estos sentimientos y que estos sentimientos son la causa de tus problemas de habla. Por lo tanto, que no te sorprenda que tantos oyentes -todos bienintencionados, desde luego- te digan frecuentemente que te "relajes."

Por supuesto, es difícil para cualquier persona hablar clara y fluidamente cuando está tensa. Por otro lado, ¡demasiada relajación provoca poca fluidez! Tú, yo y todo el mundo debemos tener un equilibrio razonable entre la tensión y la relajación para hablar de la mejor manera. No queremos estar tensos hasta el punto de parecernos al Hombre de Hojalata del Mago de OZ, ni tampoco tan relajados como para parecernos al Espantapájaros. Probablemente estemos más en un punto intermedio con cierto grado de tensión y relajación al mismo tiempo. Cualquier cosa que perturbe el equilibrio entre la tensión y la relajación nos dificulta el hablar fluidamente.

Pregunta: ¿Cómo bajas a un tartamudo manco de un árbol?
Respuesta: Le saludas con la mano

Algunas personas piensan que cualquier persona que sea apenas diferente de lo normal generalmente no es muy lista. Desafortunadamente a estas mismas personas no les gusta que ninguna información oscurezca su forma de pensar. Si acaso, la información existente sugiere fuertemente que la mayoría de tartamudos están dentro de los parámetros normales de inteligencia. Los tartamudos van a la universidad y ocupan varios puestos de trabajo que demandan mucha responsabilidad en diversas profesiones. De hecho, la vieja idea que algunas personas pueden tener de que los tartamudos no son tan inteligentes como cualquier otra persona es tan sólo otra versión de "los tartamudos son nerviosos". Los humanos muchas veces justificamos un problema, en este caso el tartamudeo, con otro problema, en este caso la inteligencia, ¡sin hacer caso de si existe otro problema o no! Lo que podemos decir es que los tartamudos tienen tanto derecho a ser genios como cualquier otra persona. En pocas palabras, ¡generalmente las personas que hablan fluidamente no son las únicas inteligentes! Sí, es muy probable que estuvieras en la cola correcta a la hora de la repartición de los cerebros.

Se puede quitar el tartamudeo al tartamudo pero no se puede quitar el tartamudo al tartamudo

Si bien es cierto que algunos tartamudos continúan tartamudeando por mucho tiempo, muchos cambian su habla y abandonan su problema y sólo miran hacia el pasado ocasionalmente. Cierto, se necesita valor, trabajo y paciencia para cambiar algo tan personal como tu habla -nunca dijimos que esto iba a ser fácil- ¡pero sí puedes cambiarlo! Nuestra mejor y más actualizada información indica que tu comportamiento no tiene que cuadrar en ningún molde preestablecido como el cemento. Se puede cambiar; sin embargo, realmente depende de ti que hagas el cambio. Por supuesto, para hacer algunos de estos cambios necesitarás "un poco de ayuda de parte de tus amigos" como un patólogo del habla y lenguaje. Varias veces, los tartamudos se han demostrado a sí mismos y a los que los rodean que pueden cambiar, que pueden volverse cada vez más fluidos. No tienen que hacer lo que hacen y permanecer siendo lo que son si realmente no lo desean.

Si el tartamudeo se aprende por imitación ¿por qué no tartamudean los loros?

¡Nunca hemos oído que un cuervo, un pájaro miná o un loro -todos famosos imitadores- hayan empezado a tartamudear por vivir con un tartamudo e imitarlo! Además, los patólogos del habla y lenguaje normalmente fluidos que han trabajado con literalmente cientos de tartamudos no han "adquirido" ni llegado a imitar el problema durante toda su exposición al tartamudeo. La mayoría de los tartamudos comienzan a tartamudear sin jamás haber oído a nadie tartamudear. Sin embargo, es difícil terminar con el mito de la imitación, así como también lo fue con aquél sobre las verrugas que aparecían en tus manos por tocar ranas y sapos. En parte, el rechazo a morir del mito de la imitación se relaciona con nuestra creencia que los niños copian las costumbres de los mayores como pequeñas máquinas fotocopiadoras. Si bien el copiar puede ser al menos parcialmente verdadero para ciertos comportamientos, es difícil imaginar cómo funciona con el tartamudeo cuando las personas mayores allegadas al niño, por ejemplo los padres, rara vez tartamudean. El tartamudeo no parece ser algo que se propaga como un resfriado o que entra al cuerpo como la radioactividad. En teoría, un loro debería ser capaz de imitar a una persona que tartamudea pero no sabemos que exista un caso así. Lo que suponemos, basándonos en el entendimiento actual del habla y todo lo relacionado con ésta, es que la imitación es una explicación muy simplista de la causa de un problema extremadamente complejo.

Tienes los ojos verdes por tu mamá y tu tartamudeo por...

El tartamudeo parece venir de familia. ¿Esto significa que el tartamudeo es hereditario? Nadie lo sabe realmente. Algunos científicos han encontrado lo que parece ser una base genética para ciertas dificultades del habla y del lenguaje que pueden con el tiempo terminar en tartamudeo. Sin embargo, si la herencia es un factor en el tartamudeo, su papel es bastante complejo y no tan predecible como heredar el color de los ojos o del cabello. Además, para muchos tartamudos parecería que este factor de herencia juega un papel menos importante.

El estrés puede fracturar tus huesos
Pero ¿y qué hay de tu habla?

Si alguien tuviera una razón para tartamudear debido al estrés, entonces los controladores de tránsito aéreo de los principales aeropuertos deberían ser los primeros. Sin embargo, no ha habido ninguna epidemia de tartamudeo en las torres de control del tránsito aéreo, al menos ¡no que lo sepamos! El estrés no ayuda a nadie a hacer algo de la mejor manera pero, como la muerte, el estrés es una realidad. Pensar que uno puede llevar una vida sin estrés es un poco como esperar despierto toda la noche para conseguir el autógrafo del ratoncito de los dientes. Los dos hechos nunca ocurrirán.

La vida está llena de acontecimientos que nos estresan mental, sicológica y físicamente. De hecho, es a menudo de estos acontecimientos estresantes que aprendemos mucho sobre nosotros mismos, por ejemplo, sentirte bien contigo mismo cuando has terminado exitosamente una tarea difícil sobre un libro para la clase de inglés. Obviamente, el estrés constante e incesante no es bueno para nadie y tampoco lo es tratar de pasar por la vida en un estado de ensueño. Lo que sea que pensemos del tartamudeo, no es "causado" por el estrés como tampoco lo es el decir que la sal frotada en una cortadura con cuchillo "causó" la herida. Mejor dicho, es el cuchillo el que causó la cortadura en primer lugar y la sal sólo hace que la herida duela. Desafortunadamente, igual que en un misterioso asesinato sin resolver, aún no hemos encontrado el cuchillo que causa el tartamudeo pero estamos bastante seguros de que el estrés es a veces la sal que empeora el problema.

Nada mejora con el cansancio, ni siquiera el habla

A pesar de que frecuentemente se asocian varias situaciones al tartamudeo, tres de las más comunes son: hablar cuando se está emocionado, hablar rápidamente y hablar cuando se está extremadamente cansado. Al final de un duro día de colegio, de trabajo o de deportes ¡ni siquiera el Presidente de la República se atrevería a dar su Discurso de Investidura! Cuando las personas están mental, emocional y físicamente cansadas, no les es muy fácil mantener el habla fluida. Cuando las personas están extremadamente cansadas tampoco pueden bailar, calcular las últimas cifras de la deuda pública o colorear sin salirse de las líneas. Dicho de una manera más simple, el cansancio hace más difícil para una persona mantener el habla fluida, desempeñarse de la mejor manera posible en general. Sin embargo, el cansancio es un poco como el estrés, se lo puede reducir pero no se lo puede evitar totalmente. Podría ayudar el reconocer que la mayoría de las personas encuentran que no se puede mantener la fluidez tan fácilmente durante ciertos estados emocionales / físicos. Tratar de evitar estar cansado es un poco como tratar de evitar ponerse nervioso o ¡deja de pensar en elefantes rosados! De hecho, ¡uno puede cansarse bastante al tratar de no cansarse así como ponerse muy nervioso al tratar de no ponerse nervioso!

La severidad del tartamudeo fluctúa como el péndulo que nunca se detiene en el medio.

Se dice que una cosa es constante y ésa es el cambio. Tu peso, el clima, tus calificaciones en el colegio y tu tartamudeo ¡Todo fluctúa (esperamos que no en el mismo grado)! Lo que probablemente provoca estos cambios en tu tartamudeo, tan misterioso para ti, es lo mismo que dejó perplejos a los primeros humanos sobre el clima: el que sea tan imprevisible. Eres fluido por un momento y luego vuelves a tartamudear. Si bien tus momentos de tartamudeo no son como un terremoto cuyos movimientos violentos e impredecibles amenazan nuestras vidas, el hecho de que aparentemente tu tartamudeo parezca imprevisible puede recordarte a las repentinas y -sin explicación alguna- erupciones de un volcán: un día aparecen y al día siguiente ya no están.

Aunque nadie sabe precisamente por qué el tartamudeo fluctúa de la manera en que lo hace, es más probable que se relacione con cambios en tus reacciones a los oyentes y a las situaciones, en la complejidad de la conversación, cuán rápido hablas, etcétera. Tal vez incluso los cambios en el cansancio y el estrés pueden intervenir también, pero cualquiera que sea el caso, es justo decir que ¡el cambio en tu tartamudeo es bastante constante! Sabemos que este cambio puede ser desalentador pero al menos deberías saber que es típico del problema de tartamudeo en la mayoría de tartamudos.

Los hombres tartamudean más que las mujeres o ¿Dónde estaba la Enmienda de Igualdad de Derechos cuando realmente la necesitabas?

En la actualidad, se estima que existen dos millones de tartamudos en los Estados Unidos. También es un hecho que de tres a cuatro personas que tartamudean, una es mujer. Para empezar, déjame decirte que no sabemos la razón exacta de esta diferencia entre hombres y mujeres. Sin embargo, con ciertas excepciones, los hombres sufren más de los problemas humanos que las mujeres. ¿Es esto justo? No, por supuesto que no, pero es un hecho. Hay muchos más hombres en las cárceles que mujeres; los hombres jóvenes tienen muchos más accidentes automovilísticos que las mujeres, y cosas similares. ¿Por qué esta diferencia? Primero, durante el desarrollo de los primeros años de infancia hay diferencias innatas del habla y las habilidades de lenguaje entre los niños y las niñas. Segundo, durante este mismo periodo, el hogar, así como el entorno social, parecen reaccionar ante los niños algo diferente que ante las niñas. Por lo tanto, más niños que niñas tartamudean probablemente debido a diferencias inherentes en el habla y las habilidades de lenguaje y a diferencias en las reacciones del entorno hacia las habilidades y comportamiento del niño.

En realidad, todas estas diferencias realmente hacen una pequeña diferencia para ti. Lo que es importante, y lo que debes tratar de recordar, es el hecho de que tan sólo porque seas un muchacho no significa que tienes que tartamudear por el resto de tu vida.

En otros apartados de este libro encontrarás algunas sugerencias sobre cómo puedes empezar a cambiar tu habla y el comportamiento respectivo para tu bien. Estas sugerencias, así como los "hechos" que he tratado contigo, representan nuestro intento de hablarte con la verdad. Esperamos que estas verdades te ayuden a liberarte de tus problemas.

Capítulo
Tres

Lidiar con los padres

Dean E. Williams, Ph.D.

El tartamudeo puede crear otro tipo de problema entre tú y tus padres, más que cualquier otro con el que te puedas encontrar.

A medida que ibas creciendo, tus padres te decían lo que debías y no debías hacer, cómo debías y no debías comportarte, lo que debías y lo que no debías comer, y muchas cosas por el estilo. Discutiste sobre algunas cosas, estuviste de acuerdo con otras -hiciste algunas de las cosas que te sugirieron, no hiciste otras- les contaste a tus padres lo que hiciste algunas veces y otras veces no les contaste nada. Las cuestiones o problemas entre tú y tus padres muchas veces se dicen abiertamente, en un lugar donde pueden hablar sobre ellos, reírse de ellos, llorar a causa de ellos, discutir e incluso gritar por ellos. Pero, al menos la mayor parte del tiempo, hablan entre ustedes. Para la mayoría de adolescentes, los problemas de tartamudeo no son así.

Cuando hablas con tus padres, tiendes a pasar mucho del tiempo que hablas tratando de esconder tu tartamudeo de la mejor manera posible y ellos pasan mucho de su tiempo fingiendo no darse cuenta cuando tartamudeas. Están -en diferente grado- incómodos y sin embargo parece ser algo que tú y tus papás fingen no darse cuenta; y por consiguiente, no hablan sobre esto. Esto hace que te sientas más bien triste y preocupado. Y, las personas que se quieren sí se preocupan. Se preocupan por lo que la otra persona está pensando y sintiendo. Cuando no hablan sobre esto, tienen que imaginarse lo que la otra persona piensa. Cuando *imaginas* lo que tus papás piensan sobre tu tartamudeo, tú, como cualquier otra persona, imaginas lo peor. Te parece horrible tartamudear, por lo tanto, tus padres deben estar pensando cosas "horribles" sobre esto y - posiblemente- incluso sobre ti. Agrégale a esto el hecho de que a veces ellos hacen cosas como terminar las palabras por ti, hablar por ti, mirar hacia otro lado cuando empiezas a tartamudear, o te dicen "tómate tu tiempo," o "piensa lo que quieres decir," entre otras cosas. El que tus padres hagan y digan cosas como éstas no ayuda, sólo complementa tu temor - y tus sentimientos de estar completamente solo- y el no saber qué puedes hacer al respecto.

Quiero discutir contigo algunos problemas que he encontrado entre los adolescentes y sus padres cuando a menudo quieren afrontar abiertamente el problema del tartamudeo. Espero que algunas de las preguntas que hago sean aquéllas que tú has pensado y has temido.

¿Tus padres actúan como si no quisieran hablar sobre el tartamudeo?

Si crees que tus padres hacen eso, no eres el único. Es una de las preocupaciones más comunes que escucho de los adolescentes. Podrías sorprenderte de algunas de las respuestas que dan los padres.

Una razón para no querer hablar sobre eso es que tienen miedo de disgustar a su hijo si muestran decepción por la manera en que éste habla. Dicen también que su hijo no les habla sobre eso y que parece estar perturbado y avergonzado cuando tartamudea. Esto les hace sentir que es algo muy íntimo y personal de su hijo; y ellos lo respetan y no quieren entrometerse. ¿No es interesante? ¡*Tú* no les hablas porque crees que *ellos* no quieren hablar sobre eso y ellos no quieren hablar contigo porque creen que *tú* no quieres hablar sobre eso! Esto puede parecer una situación extraña, sin embargo, es muy común. Permítame tomar un ejemplo que no implica el habla. Si un buen amigo tuyo hace algo embarazoso durante una clase, probablemente tú también te sientas avergonzado por tu amigo. Si te agrada esa persona, tiendes a no hablar sobre eso después de la clase, no porque tú pienses que lo que hizo sea horrible, sino porque respetas los sentimientos de tu amigo. Lo ves, esto es lo que algunos padres -tal vez los tuyos- también hacen. Lo hacen *no* necesariamente porque *tartamudeaste*, sino porque pueden ver que estás alterado por esto, y respetan tus sentimientos.

Otra razón que algunos padres me dan para no hablar con su hijo sobre el tartamudeo es que no es un gran problema para ellos. No les molesta mucho; se han acostumbrado. De hecho, pueden afirmar al respecto algo así como "sólo vinimos a averiguar sobre esto porque nos dijeron que sería mejor que lo hiciéramos."

Estos padres pueden decirme que su hijo no tartamudea mucho cuando está con ellos. Es un chico callado. Le gusta mucho estar solo para poder leer y escuchar su música. "Es nuestro hijo tranquilo". No es como su hermano menor que "habla todo el tiempo y es muy sociable".

No hay manera de que ellos sepan que estás evitando situaciones en las que tendrías que hablar, no porque te guste estar solo, sino porque tienes miedo de tartamudear. Ellos no pueden darse cuenta de las veces que sustituyes palabras, o las veces en que sólo asientes en lugar de hablar, o las veces en que hablas sólo cuando crees que no tartamudearás. Ellos no saben cómo te sientes por dentro **a menos que se lo digas**.

La tercera razón, y quizá la más común, es que los padres no hablan a sus hijos adolescentes sobre el tartamudeo porque ellos simplemente no saben mucho sobre eso y no saben qué decir. Se sienten mal por eso. Han ayudado a su hijo a crecer hasta el punto en que ahora tienen un adolescente cada vez más independiente. A través de los años fueron capaces de entender tus momentos de diversión, tus problemas, tus éxitos y tus fracasos, porque los vivieron cuando eran niños. Son capaces de ayudarte y guiarte gracias a sus propias experiencias –discuten y pueden gritarse un poco- pero aún así ustedes generalmente saben qué es lo que quieren; simplemente no están de acuerdo, eso es todo. Y, eso está bien. La mayor parte del tiempo han llegado a solucionar el problema -o han estado de acuerdo en no solucionarlo- porque lo discutieron abiertamente. Pero el tartamudeo no es así. Tus padres pueden no ser tartamudos. No saben cómo es ser tartamudo. Sin embargo, al ser tus padres, creen que deberían saber cómo ayudarte.

Ahora bien, si quieres, trata de "ponerte en sus zapatos". Ellos no saben qué decir o hacer para ayudar. Ellos no comprenden, y se sienten algo avergonzados e incluso impotentes porque no lo hacen. Pueden amenazar a veces y decirte que hagas esto o aquello con la esperanza de que sirva de algo, pero la mayor parte del tiempo es sólo una esperanza. El hecho de que en la mayoría de las veces no ayuda mucho sólo los hace sentir mal, y a ti, triste, o incluso, enojado. ¿Empiezas a ver cuán importante es que tú y tus padres hablen? Se llega a un punto donde uno debe dejar de fingir que el problema del tartamudeo se puede esconder. Eres infeliz porque tartamudeas. Tus padres son infelices porque no saben qué hacer o decir para ayudar. Es hora de que conversen entre ustedes.

Antes, lo que solía ocurrir la mayoría de las veces cuando tú y tus padres hablaban sobre un problema, era que tus padres eran los que empezaban la conversación. Sin embargo, esta vez, tu tartamudeo es tu problema y te toca a ti comenzar la conversación. Para algunos de ustedes, esto no será muy difícil. Sus padres son bastante abiertos y es fácil hablar con ellos sobre problemas que les conciernen a ustedes. Para los otros de ustedes que no han hablado mucho con sus padres sobre ninguno de sus problemas, puede ser difícil. Por mi experiencia de hablar con muchos adolescentes sobre este problema, encuentro que la parte más difícil es armarse de valor para empezar la conversación. Puedes pensar que no tienes el valor, pero apuesto a que sí.

Todos los adolescentes con los que he hablado tienen bastante valor. Muchas veces dudan de su valor puesto que me han dicho que no tuvieron "el coraje para hablar" porque tenían miedo de tartamudear. Siempre reacciono a esto preguntándoles cuántas veces en los últimos dos o tres días han hablado aun sabiendo que tartamudearían. Si hicieron esto incluso una vez -y todos ellos lo han hecho- necesitaron valor para hacerlo.

Es casi seguro que hayas hablado las veces que sentías miedo por dentro. Estuviste bastante seguro que tendrías dificultad al hablar pero hablaste de todas maneras. Se necesita valor para eso.

Vas a sentirte incómodo, *un poco asustado*, cuando empieces a hablar a tus papás sobre un problema que es tan personal como lo es para ti tu tartamudeo. Quiero hacer algunas sugerencias que deberían ayudarte a hacerlo más fácil. Los adolescentes me han dicho que ayudan. Vale la pena intentarlo.

Primero, escoge una buena hora y un buen lugar para hablar. Muchas familias parecen siempre tener prisa; Mamá y Papá muchas veces tienen prisa luego de llegar a la casa o tienen prisa por ir a algún sitio o tienen prisa porque tienen que hacer alguna otra cosa. Y, no pases por alto el hecho de que a veces tú también tienes prisa. Por lo tanto, **busca** un momento **apropiado**. Algunos ejemplos de dichos momentos incluyen cuando van juntos en el mismo carro o cuando están haciendo la sobremesa. La mayoría de las familias tienen momentos en los que es más fácil conversar. Búscalos. Puede ser con un sólo padre si eso es más cómodo. Muchos dicen que es más fácil hablar cuando están haciendo cosas juntos, y cuando nadie más está cerca.

Segundo, debes estar consciente de que tus padres probablemente también se sientan desconcertados. Pueden bajar la vista y moverse nerviosamente o pueden sonar más bien bruscos o incluso actuar un poco avergonzados. No permitas que este tipo de reacciones te afecten. Sólo recuerda que tus papás también tienen sentimientos y -al igual que tú- hay veces en las que, al principio, no saben qué decir. Por ejemplo, ¿ya has resuelto cómo hablar con ellos sobre sexo y hacer que te miren a los ojos cuando responden, sin que se sonrojen?

Tercero, piensa sobre los dos puntos que acabo de tratar. Espero que ahora puedas ver cuán importante es que tú empieces la conversación y establezcas el tono. Sé franco y directo en lo que digas. Puede ayudar si, al mismo tiempo, reconoces tu propia incomodidad. Algunos ejemplos incluyen: "Quiero hablarte sobre mi tartamudeo". Después, continúa con: "No sé cómo empezar exactamente" o "Me siento avergonzado" o "Es difícil hablar sobre esto" o cualquier otra cosa que refleje la manera en que te sientes en ese momento. Ahora bien, ¡has dado el primer gran paso! Eres libre de proseguir con cualquier asunto sobre el que quieras hablar. No tienes que hablar sobre todos ellos de una sola vez. Escoge varios temas que sean especialmente importantes para ti y empieza a hablar. La puerta ahora está abierta para hablar sobre tu tartamudeo en otros momentos, en otros lugares -y recuerda- necesitarás poner de tu parte para mantener la puerta abierta. He aquí algunos asuntos que probablemente aparezcan.

¿Terminan tus padres las palabras por ti y hablan a veces por ti?

Si eres como la mayoría de los adolescentes, tus padres hacen esto, o lo han hecho. Los padres afirman que sólo están tratando de ayudar a su hijo. Tú les puedes explicar que realmente no ayudan. El miedo que sientas porque tus padres terminen tus frases o hablen por ti empeora tu tartamudeo. Explícales que es importante para ti que tú hables por ti mismo, que ayudarían más si te esperaran a que digas lo que quieres decir. Una vez más, míralo por un momento desde su punto de vista. Si, cuando empiezas a tartamudear, terminan la palabra por ti y después tú dejas de intentar y sólo asientes con la cabeza, a ellos les parece que han ayudado. Si, por otra parte, cuando terminan tus palabras, no te detienes sino que continúas tartamudeando hasta que la terminas, es obvio para ellos que no están ayudando. Es lo mismo cuando hablan por ti. Si dejas de hablar e indicas con la cabeza tu conformidad, les parece a ellos que están ayudando. Pero, si continúas hablando -aun cuando tartamudees- y dices lo que quieres decir (aun cuando pueda ser lo que tus padres acaban de decir) les será obvio que no están ayudando. De esta manera les demuestras que puedes hablar por ti mismo.

¿Piensan tus padres que si realmente lo intentaras podrías dejar de tartamudear?

Independientemente de lo que piensen, sabes que no es verdad; y estás en lo correcto. Sabes que cuando intentas lo más que puedes, cuando haces todo lo que te puedas imaginar o cuando la gente te dice que te puede ayudar, tartamudeas de todas formas. A menudo tartamudeas más. Tus padres necesitan entender esto sobre el tartamudeo. Explícales cómo te sientes y las cosas que haces para tratar de ayudar. Si no lo pueden entender contigo, entonces deben hablar con un patólogo del habla y lenguaje.

¿Tus padres hacen concesiones especiales contigo porque tartamudeas?

Hay veces en que tus padres pueden excusarte de hacer ciertas labores de la casa que involucren hablar, ir a los mandados, por ejemplo. Sabes que al principio te sientes aliviado, pero te sientes avergonzado también. Y no estás muy orgulloso de ti mismo si sabes que un amigo o tu hermano o hermana sí hacen tareas de este tipo. He aquí una razón muy importante para que seas capaz de hablar con tus padres. Explícales que puedes tener miedo a veces pero que quieres hacer tu parte. Te sentirás mejor y ellos también; y será un paso más para ayudarlos a entender tu problema de tartamudeo. Necesitarás estar alerta después de eso y estar listo para ofrecerte a ayudar en la casa, ir a los mandados, o hacer cualquier otra tarea en la que sea necesario hablar un poco.

¿A veces parece que tus padres están irritados o enojados porque tartamudeas?

Esta es una pregunta difícil de considerar porque es necesario separar la manera en que actúas cuando en realidad estás tartamudeando, de la manera en que actúas sea porque tienes miedo de tartamudear o porque acabas de tartamudear. Los padres me dicen que no están enojados o irritados *cuando* su hijo tartamudea, pero añaden que se enojarían si él o ella es grosera u hosca o desconsiderada con otros. Los ejemplos que dan incluyen frases como "cuando Bernardo contesta el teléfono, tartamudea, y cuelga. No sabía quién estaba llamando, el propósito de la llamada, o cualquier otra cosa. Simplemente colgó. Fue grosero y desconsiderado". Otro ejemplo fue "algunas amigas pasaron a ver a Marcia. Conversaban y se divertían. Le sugirieron que fueran por una pizza y a conocer unos chicos. Se volvió entonces hosca y grosera. Había estado tartamudeando un poco. Dejó de hablar y les dijo que no iba salir con ellas".

Los ejemplos arriba mencionados deberían ser suficientes para demostrarlo. A veces puedes comportarte de una manera que no es cortés o amigable porque quisieras no tartamudear. Tus padres no entienden esto y por lo tanto podrían decirte algo respecto a que eres descortés o grosero. En el fondo, no estás contento contigo mismo por la manera en que actuaste, pero el hecho de que tus padres te regañen a causa de esto, sólo lo complica más. Esta es una razón más para demostrar que tú y tus padres necesitan hablar para que los puedas ayudar a entender el tartamudeo.

¿Están tus padres y tú en desacuerdo sobre la necesidad de recibir terapia?

Hay veces en que los padres obligan a sus hijos adolescentes

28

a recibir terapia y ellos por su parte están renuentes a hacerlo. Hay otras veces en que los adolescentes quieren hacer terapia pero los padres piensan que no es necesario. ¿Entras en alguna de estas categorías? Si sí, espero que ahora sea obvio que tú y tus padres necesitan hablar. Necesitan hablar -abiertamente- sobre los pros y los contras de recibir terapia. Normalmente no es una decisión difícil de tomar si se basa en la comprensión mutua. Si no se lo puede hacer de esta manera, recomiendo siempre que tú y tus padres lo hablen con un patólogo del habla y lenguaje. Si no hay ninguno disponible, entonces ¿por qué no hablas con un consejero o un profesor de tu colegio? Ellos no están involucrados emocionalmente y pueden servirte de ayuda.

Reflexión final

Una buena manera de poder lidiar con tus padres y ellos contigo y de que juntos aprendan a lidiar con el tartamudeo es pidiéndoles que tomen asiento y lean este capítulo. Luego puedes sentarte con ellos y hablar sobre las partes que se apliquen a ti y a ellos. Con sólo hablarlo se construirá una base para lidiar constructivamente, y se crearán los elementos básicos de ayuda para ustedes.

Capítulo
Cuatro
Lidiar con el colegio

Hugo H. Gregory, Ph.D.

Lidiar con tu tartamudeo en el ambiente del colegio es doblemente importante porque pasas mucho de tu tiempo allí y porque hablar en el colegio es vital para tu éxito como estudiante. El tipo de impresión que sientes que estás dando contribuye a mejorar la opinión que tienes sobre ti mismo. Participar en las actividades de la clase, interactuar con tus compañeros y profesores, y hacer terapia relacionada con las actividades del colegio, son temas en los que los adolescentes que tartamudean dicen pensar mucho.

Dar las lecciones

Casi todos los que tartamudean han experimentado la frustración de decir "no lo sé," cuando sí lo sabían, antes que correr el riesgo de tartamudear al responder una pregunta en clase. En ese momento se disminuye el temor a tartamudear, pero más tarde te sientes frustrado porque no estás demostrando tu verdadero potencial.

Los estudiantes que tartamudean siempre hacen referencia a que se anticipan a leer rápidamente el pasaje que les toque leer en busca de palabras difíciles. Los estudiantes que no tartamudean examinan con cuidado para ver si hay palabras que no conozcan o no sepan pronunciar. Tú examinas cuidadosamente el pasaje que te toca leer para ver si hay palabras donde puedas tartamudear. No sólo temes sufrir un bloqueo, una experiencia muy amenazadora, sino que también puedes estar preguntándote si algún estudiante se reirá. Puede disgustarte la posibilidad de que los estudiantes se sientan incómodos cuando hables y, como resultado de dificultades anteriores y de este tipo de reacciones, experimentas más temor y tensión.

Dar lecciones es otra situación que se teme muy a menudo, aunque algunos estudiantes lo hacen mejor cuando se paran frente a la clase y saben que reciben toda la atención. Algunos encuentran que practicar la lección varias veces a solas hace que sea más fácil darla en la clase. Puedes pedir al profesor que te dé más tiempo durante las discusiones en clase si te parece más fácil hablar cuando te tomas tu tiempo. La presión del tiempo -el sentimiento de que no debes tener a tu oyente esperando y de que no podrías ser capaz de empezar a hablar otra vez si haces una pausa- puede hacerte hablar más rápidamente y temer hacer pausas. Si no te apresuras, disminuye esta presión. Aunque es difícil participar en las discusiones de clase y responder preguntas cuando anticipas el tartamudeo, evitar este tipo de situaciones parece incrementar la tensión y el tartamudeo. Una chica de segundo curso que había mejorado mucho su habla se sintió insegura al pasar de curso. Les dijo a sus profesores que se sentiría más cómoda si no la hacían hablar enfrente de la clase. Luego de algunas semanas de ser excusada de no participar en situaciones que implicaran hablar, su temor a hablar fue mayor y su habla empeoró.

Continuar a pesar de los problemas generalmente le hace a uno sentirse mejor; ¡y es mejor para ti! Sin embargo, evitar y no hablar, o tener ganas de hablar a pesar de que tartamudeas, son dos situaciones difíciles.

Hacer terapia en la cual aprendas a modificar tu habla, a lidiar con la presión del tiempo, y a disminuir tu tartamudeo en situaciones que varían sistemáticamente de más fácil a más difícil, es la manera más positiva y optimista de mejorar tu participación en las actividades escolares. Tú y el patólogo del habla pueden planificar con tu profesor la manera en que vas a seguir los procedimientos que estás aprendiendo en la terapia para mejorar tu participación oral en clase.

Reacciones de los estudiantes

"Muchos chicos se sienten mal consigo mismos, por lo tanto tratan de hacer sentirse mal a los demás."

"La gente trata de encontrar defectos en los demás. El tartamudeo es bastante obvio."

Estas declaraciones hechas por dos estudiantes de segundo curso que hacen terapia reflejan la manera en la que muchos estudiantes interpretan las reacciones negativas hacia su tartamudeo. Durante la adolescencia los estudiantes pasan rápidamente de sentimientos y comportamientos infantiles a las presiones y exigencias de la edad adulta. Hay muchos sentimientos encontrados. Los estudiantes tratan de fortalecerse derribando a los otros. Los psicólogos piensan que esta reacción es la base de la gran cantidad de prejuicios que existe en estos días. Los estudiantes que tartamudean han admitido que se han burlado de sus compañeros que están, por ejemplo, pasados de peso. Luego se dan cuenta de que están haciendo lo mismo que no les gusta que les hagan a ellos. La gente que se burla de los demás está expresando su propia imperfección aun cuando no piensa herir.

Puedes ayudar a tus compañeros siendo más abierto sobre tu tartamudeo. Esto puede ser difícil si piensas que con no pensar y no hablar sobre el tartamudeo, éste desaparecerá. Si has madurado y todavía tienes problemas, tal vez sea hora de que seas más realista y abierto sobre esto. Habla con amigos. Habla con tus profesores. E incluso habla con aquellos que te molestan. Nada los detiene más que el decir, "Sí, tengo un problema de tartamudeo" o "A veces tartamudeo pero estoy trabajando en ello".

Una joven tartamuda de 16 años de edad comentó: "Los chicos se vuelven menos malos con el paso del tiempo, pero no tienes por qué esperar a que cambien. Ayúdalos". Un chico de catorce años que apenas empezaba la terapia me dijo que se sentía más responsable ahora en ayudar a que sus amigos en el colegio se sintiesen más cómodos con su tartamudeo. Les habla sobre la terapia y les menciona su dificultad a veces cuando tartamudea. Por ejemplo, puede decir "Realmente me costó mucho decir esa palabra. Lo puedo hacer mejor".

Los adolescentes me cuentan que están sorprendidos de ver tanta gente queriendo aprender más sobre el tartamudeo. Por ejemplo, pueden estar muy complacidos por el interés demostrado cuando dan un discurso en clase sobre el tartamudeo. Desde luego, tal vez sea más fácil ser más abierto sobre tu tartamudeo si estás recibiendo terapia y tienes una mayor esperanza de mejorar.

La reacción de los profesores

Así como te gustan ciertos profesores más que otros, te gustará o no la manera en que algunos profesores reaccionan ante ti y tu tartamudeo. A partir de las sesiones de grupo, me he dado cuenta de que algunos adolescentes prefieren que sus profesores nunca mencionen nada sobre su problema de habla. Otros aprecian el interés y preocupación de sus maestros. Un estudiante dijo "Me irritaba que el profesor me diera un trato especial". Otra dijo que apreciaba que el profesor le preguntara después de clases: "¿Hay alguna manera en que te pueda ayudar?"

¿Cómo podemos explicar estas diferencias? Si en casa tú y tu familia participan en "una ley del hielo" a tu tartamudeo, entonces puedes haber adoptado la política de no hablar sobre tu habla y no querer que nadie en el colegio lo mencione. ¡Esta actitud de ir solo por tu cuenta puede ser difícil! Tres adolescentes tartamudos estuvieron de acuerdo al conversar conmigo hace poco de que es mejor hablar con los profesores sobre tu problema "si se lo puede hacer de una manera inteligente". Con "inteligente" se refieren a que los profesores les expresen sus sentimientos y que lo que piensen podría ayudarlos a participar más exitosamente en clase. Si estaban recibiendo terapia, querían que el patólogo del habla y el profesor los incluyeran en sus discusiones, no que hablaran a sus espaldas. Existen diferencias en la manera como los profesores se refieren a un asunto delicado, pero a veces tu propia sensibilidad puede estorbar los esfuerzos del profesor.

Algunos profesores, tal vez debido a la falta de experiencia con alumnos tartamudos, pueden sentirse confundidos e incómodos cuando tartamudeas. Pueden estar avergonzados. Hablar con este tipo de profesores puede ayudarlos a lidiar con sus propios sentimientos y a sentirse más cómodos.

La situación del colegio y la terapia de tartamudeo

Algunos estudiantes que tartamudean no quieren que se sepa que hacen terapia del habla, y otros simplemente se rehúsan a hacer terapia en el colegio. No deberías sentirte culpable por esto porque en parte es el resultado de la manera como la gente ha reaccionado contigo y tu problema de tartamudeo. ¡Tienes derecho a estar avergonzado! Más tarde, cuando tu habla mejore con la terapia, cuando te sientas menos solo al lidiar con tu dificultad, y cuando estés menos sensible, puedes estar más dispuesto a que los demás sepan que estás trabajando en tu habla.

A medida que vayas mejorando, tú y tu patólogo del habla pueden usar el colegio para trabajar tu habla en lugares de variada dificultad. Así, tal vez quieras hablar con tus profesores sobre los objetivos que tienes con la terapia, ya sea solo o en compañía de tu médico. La mayoría de los adolescentes con los que he trabajado han estado dispuestos a mostrar a sus amigos lo que hacen en la terapia. A menudo, cuando se hacen grabaciones de audio y video, el estudiante en terapia reconoce cuanto mejores son sus habilidades del habla comparadas con las de su amigo. ¡Esto es muy gratificante! Hablar mejor a veces parece y se siente raro al principio; y vacilas al pensar que tus amigos notarán que eres diferente. Sin embargo, tú eres quien probablemente esté más enterado de los cambios en tu habla que cualquier otra persona. La terapia te ayuda a aceptar el cambio que implica hablar mejor.

Al establecer metas realistas y tomar la responsabilidad, puedes hablar y sentirte cada vez mejor.

Cinco

Lidiar con los amigos

Lois A. Nelson, Ph.D.

¿Te gustaría tener amigos con los que realmente pudieras hablar?

Las amistades no ocurren por que sí. La mayoría necesitan algo de cuidado si queremos que se conviertan en ese tipo de relaciones especiales donde cada uno se siente importante y valioso. Tú quieres que tus pensamientos y tus sentimientos se respeten y se mantengan en secreto, y tus amigos quieren que tú hagas lo mismo.

¿Cómo se inicia una amistad? Antes que nada, tú tartamudeas y sientes que eso hace una gran diferencia. Si has tenido un amigo íntimo toda tu vida, alguien con quien creciste, eso es maravilloso. Pero ¿qué pasaría si tu familia se mudara a otro lugar? ¿Cómo conocerías a alguien? Si tartamudeas, puedes vacilar en dar el primer paso. Recuerdas por experiencias anteriores que cuando haces lo posible por no tartamudear probablemente lo harás más. Te preocupa que la manera en que se oye y se ve tu tartamudeo aparte amigos potenciales y te haga sentir avergonzado.

Es más fácil conocer gente si comparten intereses en común. Es más fácil olvidarse del tartamudeo si puedes concentrarte en algo más. Pregúntate qué es lo que haces en tu tiempo libre. ¿Hay algún deporte o pasatiempo para el que seas bueno? ¿Tienes algún talento que puedas desarrollar? Concéntrate en tus fuertes y hazlos valer más que tus debilidades.

Para algunos amigos, tu tartamudeo les da lo mismo. Te tratan igual hables o no fluidamente. Tu propia actitud define su reacción. Si no pareces muy molesto, probablemente ellos tampoco lo estarán.

Pero ¿qué pasa si otros amigos apartan la vista cuando tartamudeas o responden la pregunta antes de que la hayas terminado de formular? Duele cuando las personas con las que cuentas se molestan con tu tartamudeo. Pero, a menos que se lo digas, no pueden realmente saber cómo es tartamudear.

¿Tratan de protegerte?

¿Te preguntas si tus amigos se decepcionan o se avergüenzan cuando tartamudeas? Es fácil llevarse esa impresión si responden por ti o intervienen de manera que tú puedas arreglártelas hablando muy poco. Probablemente sólo estén tratando de ayudar.

Mira de más cerca. ¿Por qué tratan de protegerte? ¿Piensan que te están haciendo un favor? Rechaza ese tipo de favores si puedes. Aunque ahora puede parecer más fácil que hablen por ti, su protección te impide hacer lo que debes hacer por ti mismo: Hablar.

Supongamos que no estás listo para pedir a tus amigos que te dejen hablar por ti mismo. No estás seguro de que puedas hacerlo y no estás seguro de cómo reaccionarán cuando les pidas. Decírselo puede ser arriesgado pero tal vez no sea un riesgo tan grande como te lo imaginas. A la larga, es mejor para ti hablar y tartamudear -excepto hablar para ti mismo- que quedarte callado y sentirte pésimo.

¿Quién ordena las bebidas?

¿Dices siempre "lo mismo para mí" o asientes aun cuando te hubiera gustado pedir algo diferente de comer o beber? Probablemente tus amigos comprendan cómo se siente evitar algo que produce miedo o vergüenza y no te obliguen a hablar por ti mismo. También pueden no comprender cómo decir unas pocas palabras puede ser tan difícil para alguien.

Probablemente te sientes presionado a ordenar rápidamente y a pensar que sólo tienes una oportunidad para hacerlo correctamente. Esta situación puede ser muy frustrante si no eres el dueño de tu boca o de tu cabeza. Si estás muy preocupado de cometer un error al hablar, probablemente lo harás. Preocuparse puede tener un efecto negativo en alguien. Sentirse atemorizado afecta el funcionamiento de nuestro organismo. Un atleta estrella puede fallar el tiro libre que el equipo de baloncesto necesita para ganar el partido si se siente presionado y si permite que la presión le gane. Puedes fallar el tiro. Puedes tartamudear. Pero puedes aprender, con la ayuda de un patólogo del habla, a resistir a la presión de hablar rápidamente. Puedes aprender a hablar más tranquilamente, **si es lo suficientemente importante para ti.**

¿Sufres de una "Conspiración de la Compañía de Teléfonos"?

Para mucha gente que tartamudea, el teléfono puede ser la situación a la que más le temen.

¿Te sorprendería saber que algunas personas muy fluidas al

hablar evitan hablar por teléfono? Prefieren comunicarse en persona que hablar con una voz que está en alguna parte en el espacio. A mucha gente que tartamudea no le gusta hablar por teléfono hasta haber encontrado una mejor manera de lidiar con su habla.

Eso tiene mucho sentido. El teléfono está casi a la cabeza en su lista de situaciones difíciles. ¡Puede estar casi a la cabeza de la tuya también! Pero no tiene que quedarse allí. Si no eres tan fluido como quieres en el teléfono, podrías hacer un experimento. Busca un lugar donde lo que digas sea más privado; que nadie en tu familia te pueda escuchar. Espera hasta que tengas mucho tiempo y que nadie esté apresurándote para que cuelgues el teléfono. Llama a personas que ya saben que a veces tartamudeas y que no se molestan por eso. Piensa en lo que quieres decir en lugar de decirte a ti mismo "cuidado, podrías tartamudear." Averigua qué estrategias telefónicas funcionan para ti y practícalas hoy mismo!

¿A dónde van todos los amigos?

Estás en una edad en la que las personas a menudo se sienten solas. No eres sólo tú. Mira a los adolescentes fluidos al hablar que conoces; sus sábados por la noche pueden también estar muertos. Es fácil pensar que el tartamudeo es el culpable y concentrarte demasiado en ti mismo.

El tartamudeo puede contribuir al problema pero no siempre de la manera en que piensas. Si tartamudeas mucho, no hablas tanto como lo hacen las personas fluidas, eso es obvio. Como resultado, puedes no haber desarrollado muchas habilidades de conversación que son útiles para relacionarse con los demás. A medida que trabajas en tu habla, estas habilidades empezarán a aparecer naturalmente.

Si estás adentro, alguien está afuera

Burlarse de los demás... todo el mundo lo hace. Esto separa

al grupo que está a la moda del que no lo está. Si tú perteneces al grupo de moda, probablemente nadie se burle de ti para nada, ni de tu habla o cualquier otra cosa. De hecho, tal vez tú mismo hagas algunas bromas, sólo si no son sobre el habla.

Supón que no perteneces al grupo de moda. Una vez más, es hora de que te concentres en las cosas que puedes hacer o conoces muy bien. A medida que aprendas a lidiar con tu habla, es menos probable que tu tartamudeo sea el blanco de las burlas.

Si alguien te molesta, seguramente puedes contar con un amigo que se preocupa por ti. Habla con ese amigo sobre cómo te sientes. Compartir los sentimientos en lugar de guardártelos dentro de ti puede disminuir el sufrimiento.

¿Reacciona realmente la gente nueva a tu tartamudeo?

Es probable que se sorprendan simplemente porque no se esperaban que tartamudearas. No hay un indicio obvio de que una persona tartamudea y que otra no hasta que abran la boca para hablar. La mayoría de las personas siente curiosidad ante un comportamiento que no ha visto antes. Y tiende a hacer preguntas tales como ."¿tartamudeas porque estás nervioso?" Parte del misterio desaparecerá cuando respondas a sus preguntas.

¿Evitas hablar con personas nuevas? Te preocupa cuánto tiempo tomará hasta que se den cuenta de que tartamudeas. Tal vez piensas que el tartamudear dará una mala primera impresión y que nunca conseguirás una segunda oportunidad. Nuestro consejo es que les digas en seguida que a veces tartamudeas. Esto te quitará mucha de la presión que sientes al esconder tu tartamudeo y debería hacerte sentir mejor desde el principio.

Si llevas tu tartamudeo de una manera bastante positiva, entonces ellos también reaccionarán de una manera más positiva. Recuerda que si tus acciones muestran que el tartamudeo no es un problema para ti, probablemente tampoco lo será para ellos.

Capítulo
Seis

Empieza por ayudarte a ti mismo

Barry Guitar, Ph.D.

¿Qué puedes hacer sobre tu tartamudeo?

Puedes hacer muchas cosas para mejorar tu tartamudeo. La mayoría de ellas son más fáciles cuando trabajas con un terapeuta. Pero tú puedes hacer mucho por tu cuenta. Este capítulo te ayudará a empezar.

Probablemente ya hayas intentado algunas cosas, y muchas de ellas pueden no haberte ayudado mucho. Y, si funcionaron por un tiempo, no funcionaron a largo plazo. Cosas como decir "eh" o "mm" antes de decir una palabra difícil, o decir la palabra en silencio para ti mismo antes de decirla en voz alta, o no tomar una ducha luego de la clase de gimnasia porque parece que una vez eso hizo que te sea más fácil hablar. ¿Por qué deberían **nuestras** ideas funcionar mejor?

Los autores de este libro hemos trabajado con cientos de adolescentes que tartamudean. Hemos aprendido cosas que han ayudado a muchos adolescentes tartamudos. Además de que muchos de nosotros mismos somos tartamudos, y tenemos un punto de vista interno sobre qué es lo que realmente funciona. Puedo decirte por experiencia propia que si puedes cambiar la manera en que te sientes con tu tartamudeo, así como cambiar la manera en que hablas cuando tartamudeas, podrías mejorar tu tartamudeo tanto que podría nunca más ser una molestia.

¿Cómo puedes cambiar la manera cómo te sientes respecto al tartamudeo?

Una cosa es muy cierta, mientras peor te sientas respecto a tu tartamudeo, peor se pone. Cuanto menos quieres tartamudear, más tartamudeas. ¿Entonces qué se puede hacer? ¿Cómo puedes cambiar esto, de manera que cuando mejor te sientas con el tartamudeo, tartamudees menos?

¿Cómo empiezas? Dándote cuenta que la mayoría de la gente no está ni la mitad de molesta de lo que tú estás por tu tartamudeo. Incluso si eres un tartamudo grave, la mayoría de las personas -luego de sobreponerse a la sorpresa de verte en medio de un bloqueo de tartamudeo- no lo notan tanto como piensas. Lo que sí notan, por el contrario, es cuán molesto estás. Si pareces nervioso y avergonzado, se avergüenzan junto contigo. Pero, nuevamente, míralo desde otro ángulo. Si pudieras encontrar una manera de estar más cómodo cuando tartamudeas, ellos también estarían más cómodos.

Tus sentimientos cambiarán y tu tartamudeo no será un problema si no piensas en esto como un GRAN problema. Naturalmente, temes que destroce tu vida, pero no tiene por qué hacerlo. Primeramente, el tartamudeo no tiene que arruinar tu vida social. Algunas de las personas más sexys han sido tartamudas. Marilyn Monroe, por nombrar a una. Las chicas no se avergüenzan con un chico tartamudo a menos que éste esté tan avergonzado que no diga ni pío. A los chicos normalmente no les importa para nada si una chica tartamudea o no, a menos que la chica permita que eso le moleste tanto que casi nunca trate de hablar. Y cuando un chico y una chica se gustan, el tartamudeo tampoco parece ser un problema. El habla se hace más fácil cuando dos personas se conocen bien.

¿Y qué de tu trabajo? Supongamos que el trabajo que deseas requiere que hables mucho. Muchas personas que tartamudean se comunican fácilmente en sus trabajos. Pueden tartamudear mientras venden carros o cuando compran materiales de construcción, pero conocen su materia y hablan de todas formas, y su confianza los ayuda a atravesar los momentos difíciles. Sé de un tartamudo grave que anuncia cosas por un altoparlante en un auto-cine como parte de su trabajo. Difícilmente deja que su tartamudeo le moleste en lo más mínimo. He escuchado entrevistas a conductores de autos de carreras y a famosos futbolistas que tartamudean. Dos de los conductores de programas de entrevistas más famosos de todos los tiempos han sido tartamudos, pero nunca pareció interferir en su habla frente a las cámaras. Actores, locutores radiales, directores de corporaciones, profesores universitarios, médicos, abogados, el mundo está lleno de tartamudos que no permiten que este problema se les interponga en el camino. Una vez más, tu actitud frente a tu tartamudeo influirá en la gente a tu alrededor. Si tratas a tu tartamudeo como si no fuera un problema, la gente a tu alrededor hará lo mismo. ¿Cómo lo haces?

¿Cómo ganar la confianza que necesitas?

1. Recuerda, la confianza llega lentamente. La sientes un poco, luego se escabulle, después regresa un poco más fuerte.

2. Puedes llenarte de confianza si das pasos pequeños y si

haces pausas para regresar a ver cuán lejos has llegado. La fluidez, como la confianza, llega lentamente y se vuelve a escabullir de vez en cuando. Observa tus mejoras y date una palmadita en la espalda por ellas.

3. Date cuenta que el más grande optimista en vías de desarrollo está aprendiendo a manejar los fracasos. Tratando. Fracasando. Luego recobrándose y continuando. La confianza también se logra cuando fracasas pero resuelves lo que deberías cambiar para cuando lo intentes nuevamente.

Cada vez que pruebas algo nuevo existe la posibilidad de que fracases. Si eres un chico y llamas a una chica por primera vez para invitarla a salir, puede decirte que tiene que pasar el fin de semana ordenando su cajón de medias. Si eres una chica y tratas de hablar con un chico lindo, puede actuar como si tú fueras de otro planeta. Te sientes herida. Puede dolerte por mucho tiempo. Te sientes pésimo. Pero la razón por la que fracasaste puede no ser porque tartamudeaste.

Si invitas a salir a alguien y te dice que no, puede ser porque lo tomaste por sorpresa. Puede ser simplemente cuestión de hablar un poco más con esta persona y conocerla mejor, antes de que te diga que sí. Y seguro, hay personas que podrían nunca salir contigo. Pero hay mucho de donde escoger, muchas personas más para invitar. El asunto es que ganas la confianza que necesitas cuando lo intentas.

Te sientes mal cuando das una lección frente a la clase y te trabas en cada palabra. Te pones rojo como una remolacha. Tus amigos se ríen tontamente y se codean unos a otros. La profesora se mueve en la silla como si tuviera pulgas en sus pantalones. Pero si puedes encontrar el valor de continuar, también puedes encontrar el valor de hacer otras cosas positivas por tu tartamudeo.

Puedes aprender de una mala experiencia como ésta. ¿Qué hizo que te fuera tan difícil hablar? ¿Estabas poniendo más atención a la risita de tus amigos que a los buenos oyentes? Eso es normal, pero ¿puedes concentrarte en los buenos oyentes en tu clase la próxima vez? ¿Qué fue lo que te hizo perder la concentración tan fácilmente? ¿Te preocupaste tanto de tu tartamudeo que no repasaste tu lección lo suficiente? Yo también he hecho eso. La próxima vez ¿no ayudaría que te aprendieras tu lección muy bien de manera que realmente sepas lo que vas a decir, para que tu mente se pueda relajar?

4. He aquí otro paso para alcanzar la confianza. Así como tus sentimientos influyen en tus acciones, tus acciones pueden cambiar tus sentimientos. Por ejemplo, imagínate cuánto tartamudearías si decidieras actuar confiado cuando tartamudeas. Probablemente estés más relajado y puedas mirar a tu oyente a los ojos. Probablemente continuarás y dirás una palabra que querías decir, aun cuando fuera tartamudeando. Y cuando tartamudees, probablemente continúes trabajando en una palabra, sin vacilar, hasta poder relajar tu boca y dejarla salir lentamente.

Inténtalo. Actúa de la manera en que deseas poder hacerlo, y te ayudará a cambiar tus sentimientos. Pero recuerda, nunca nadie se ha convertido en un gran futbolista de la noche a la mañana. Ensaya. Ten algunos éxitos, ten algunos fracasos, pero aprende de la parte menos mala del fracaso. Felicítate a ti mismo por tu arduo trabajo y tu buen parecer, y regresa a trabajar.

De acuerdo, te sientes un poco mejor, pero ¿qué puedes hacer con tu tartamudeo?

Fíjate en lo que haces cuando tartamudeas

El tartamudeo no es ningún monstruo extraño que se apodera de tu cuerpo. Por el contrario, el tartamudeo es lo que te precipitas a hacer en el pecho, en la garganta y en la boca cuando piensas que una palabra puede ser difícil de pronunciar. Esto es la presión del tiempo en acción. El primer paso para cambiar es aprender lo que haces cuando tartamudeas.

1. Empieza por estudiar lo que haces cuando tartamudeas. Ve a algún sitio a solas y habla para ti mismo en voz alta. ¿Qué te parece en la ducha? Fíjate que estás moviendo la lengua, la mandíbula y los labios. Pon la mano en la garganta y fíjate que estás produciendo sonido allí. Pon la mano frente a la boca y

siente tu aliento salir.

2. Ahora estudia lo que haces cuando tartamudeas. Mientras todavía estás solo, finge tartamudear. Siente cómo se te tensan los músculos hasta el punto de que dejas de hablar.

3. Busca una oportunidad para estudiar tu tartamudeo cuando estés tartamudeando. Escoge un momento cuando creas que vas a tartamudear. Por ejemplo, cuando sepas que pronto será tu turno de hablar y piensas que tartamudearás. Cuando te toque el turno, continúa aunque tartamudees. No intentes detenerlo. Esta vez, sin embargo, concéntrate en lo que estás haciendo para interrumpir el curso del habla. Siente dónde estás tensando los músculos. Siente si estás tratando de sacar las palabras de la boca muy rápidamente. Siente si tan sólo no estás moviendo alguna parte de tu sistema de habla.

¿Puedes hacerlo? ¿Puedes descubrir lo que haces o no haces cuando tartamudeas? Si todo sale mal en tus primeros intentos, no te preocupes. El tartamudeo parece ocurrir tan rápido, que es difícil fijarse en lo que estás haciendo. Inténtalo una vez más. Sigue intentándolo hasta que tengas una buena idea de qué hacer para lograr que tu habla fluya suavemente. Puede tomarte muchos intentos darte cuenta de lo que estás haciendo cuando tartamudeas. Recuerda simplemente permitirte tartamudear al principio. No trates de cambiarlo todavía. Cuando realmente sientas lo que estás haciendo, será más fácil cambiar.

Fíjate en lo que haces cuando hablas más fluidamente

Existen muchos y diferentes tipos de fluidez. No es que o bien tartamudeas o bien no. A veces puedes decir una palabra difícil más fácilmente, con tan sólo tartamudear un poco. A veces puedes hablar sin tartamudear para nada. Date cuenta de las muchas maneras en que hablas. Escucha tu habla cuando estás hablando fácilmente. Habla contigo mismo a solas, como lo hiciste en la ducha. Siente cómo los labios, la lengua y la mandíbula se mueven juntos. Siente la vibración en la garganta y en la cabeza; habla más lentamente de manera que puedas poner atención en cómo se siente y suena.

¿Existe alguna cosa en la que te puedas concentrar más fácilmente cuando hablas? ¿El movimiento de los labios? ¿La mandíbula? ¿El sonido de tu habla? Escoge lo que te sea más fácil y empieza a poner atención a eso. Si lo puedes hacer, descubrirás que tienes mucha más fluidez de lo que pensaste o de lo que jamás te diste cuenta. Recuerda esa fluidez. Acumula recuerdos de esto, como pequeños videos en tu cabeza. Podrías descubrir que tienes más fluidez de lo que pensabas.

Evita las evasiones

La mayoría de los tartamudos mantienen su tartamudeo persistente por tratar de no tartamudear. Si vas a hacer algo con tu tartamudeo, tendrás que hacer algunas cosas para solucionarlo.

1. No te permitas evitar palabras en las que puedas tartamudear. Si evades el tartamudeo sustituyendo las palabras difíciles con palabras fáciles, eres **ab-so-lu-ta-men-te** normal, pero necesitas empezar a abordar las palabras difíciles. Muchas palabras que pensaste que eran difíciles se harán más fáciles si no tratas de evitarlas. Aquellas que todavía son difíciles y fastidiosas pueden ser manejadas más fácilmente al tratar de pronunciarlas de manera lenta y relajada.

2. No te permitas evitar hablar porque puedas tartamudear. Si encuentras que no respondes a una pregunta en clase porque podrías tartamudear, eres como muchos de los que hemos tartamudeado. Pero una vez más, esto es algo que debes cambiar. No te permitas evitar hablar. Hablar cuando tienes miedo es un reto y algunas veces fracasarás. Qué importa. No te preocupes por eso. Pero sigue trabajando en reducir las evasiones. El tartamudeo es como un matón a sueldo: si huyes de él, te persigue; si lo enfrentas, se asusta.

Sé abierto sobre tu tartamudeo

Esto es lo más difícil, así que lo he guardado para casi el final. Es difícil ser abierto con cosas que te molestan sin sentirte extraño. Pero el tartamudeo es algo que se vuelve mucho más fácil si no tratas de esconderlo.

Nosotros los tartamudos a veces actuamos como si nuestro tartamudeo no estuviera ahí. Tratamos de disfrazarlo cambiando palabras o diciendo "no lo sé." Esto casi siempre lo empeora. ¿Qué lo mejora? Hablar sobre eso. Hablar con tus padres. Hazles leer este libro. Luego, si te preguntan sobre esto, diles lo que pueden hacer para ayudar. Hazles saber si no quieres que te molesten por eso. Diles si algún profesor te está haciendo pasar por un mal momento en el colegio a causa de tu tartamudeo. Habla con el terapeuta del colegio sobre eso. Si no tienes un terapeuta en el colegio, habla con tus padres sobre conseguir ayuda en algún otro lugar.

También ayuda si puedes hacer algunos comentarios graciosos sobre esto. El tartamudeo no es gracioso, pero lo puedes hacer más fácil al hacer que tu oyente se sienta relajado. Entonces te sentirás relajado. Si estás con un amigo en la pizzería y te trabas en "Pepperoni", haz algún comentario despreocupado sobre esto como, "Qué bueno que lo pude decir antes de que cerraran" o "Estoy trabado en las pizzas de Pepperoni" o "Fácil para ti decirlo" luego de que el camarero repita tu orden. Si puedes hacer esto, tus amigos y los otros oyentes se sentirán más cómodos con tu tartamudeo. Si se sienten relajados, tú también lo estarás. Si tú te vuelves más relajado, también lo hará tu boca.

Resiste la presión del tiempo

¿Has notado cuánto aprietas la boca o la garganta o el pecho cuando tartamudeas? ¿Por qué? ¿Estás tensando los músculos para ejercitarte? No. Es más probable que estés luchando para salir de una situación incómoda. Por ejemplo, digamos que estás tratando de comprar algo en la farmacia y no te sale la palabra, y el farmacéutico te está mirando fijamente como si fueras un extraterrestre; ¿qué otra cosa harías sino tensar los músculos?

1. La tensión que pones en los músculos cuando tartamudeas es a menudo por tratar de sacar la palabra demasiado rápido.

¿Has visto alguna vez un atrapadedos chino? Es un tubo hueco del tamaño de un pintalabios. Pones dos dedos en éste, uno a cada extremo. Si tratas de sacar los dedos demasiado rápido, tus dedos se atascan. Si los sacas muy lentamente, tus dedos salen. Como el tartamudeo, excepto que son los labios o la lengua o la garganta los que se traban cuando tratas de moverlos muy rápido.

Es difícil hacer cualquier cosa lentamente. Todo el mundo hace todo rápidamente. ¿Cómo puedes hacerlo todo lentamente?

La única manera es trabajar en eso poco a poco. ¿Qué hay cuando tu hermano o hermana te grita desde otro cuarto? ¿Podrías tomarte tu tiempo cuando le grites tú? ¿Qué hay cuando tu mamá o papá te hacen una pregunta? ¿Podrías tomarte tu tiempo cuando empieces a responder? ¿Qué hay cuando estás solo y estás haciendo algo como prepararte un sánduche? ¿Podrías hacerlo lentamente? Movimientos lentos. Ahora trata de conectar la lentitud al tartamudeo. Cuando creas que vas a tartamudear ¿puedes empezar la palabra con movimientos lentos, sin tensar los músculos? ¿Todavía no? No hay problema. Tómate tu tiempo para trabajar en tu tartamudeo.

2. Trata de tartamudear lentamente. Sigue tartamudeando, pero hazlo en movimientos lentos. Deja salir un poco de aire y un poco de sonido. Continúa así por un momento firmemente y con suavidad así: "mmmmmmmmm..." Luego LENTAMENTE continúa con el resto de la palabra, como "mmmmmmmmmaaayo". No tienes que decir el resto de la palabra lentamente, pero sí tienes que salir del tartamudeo lentamente.

Esto podría ser demasiado difícil de hacer en la mayoría de las situaciones. Inténtalo cuando estés solo, sólo para que sepas cómo se siente. Si todavía no lo puedes hacer cuando hablas con otras personas, ponlo de lado hasta que hayas construido tu resistencia a la presión del tiempo.

Ahora ya tienes por dónde comenzar por ti solo. ¿Qué tal si buscas ayuda? Los actores tienen directores. Las estrellas de rock tienen representantes. Los atletas tienen entrenadores. Tú y un terapeuta del habla podrían hacer un gran equipo trabajando juntos.

Siete

Decídete a recibir terapia

William H. Perkins, Ph.D.

¿Por qué deberías buscar ayuda?

Existen al menos dos respuestas a esta pregunta. Una es que puedes necesitar mejorar tu habla para conseguir lo que quieres. Esto puede implicar conseguir amigos, obtener buenas notas, conseguir papeles en obras de teatro, conseguir trabajos, obtener ascensos, conseguir respeto; la lista es infinita. Otra respuesta más importante es si tu habla te molesta lo suficiente como para querer hacer algo al respecto. Una versión de la misma respuesta es si te quieres aceptar más como persona.

Estas juntas forman la mejor razón para buscar ayuda porque lo estarás haciendo para ti mismo.

¿Puede la terapia hacer algo más por ti que la autoayuda no pueda?

La autoayuda tiene algo muy positivo. Una es que aun cuando estás trabajando solo, el hecho de que estés tratando de ayudarte a ti mismo muestra tu determinación de no dejar que el tartamudeo dirija tu vida. Si llevas esa gran determinación a la terapia, tus posibilidades de triunfar son sumamente mayores a que si fueras a la terapia esperando que el médico te haga algo a ti o haga algo por ti que te hará la vida más fácil.

Lo que la terapia puede hacer es ayudarte a ayudarte a ti mismo. Un médico te dará suficiente distancia de tus problemas para que puedas enfocar las cosas. No importa cuán determinado estés en mejorar, será innecesariamente frustrante y lento si no sabes cómo intentar ayudarte a ti mismo. La Fundación del Habla (*The Speech Foundation*) tiene un excelente libro de autoayuda, pero no puede demostrar algunas de las habilidades que serán útiles para ti.

¿Cuándo debes buscar ayuda?

Mientras más esperas comenzar, mayor será la presión que sientas por mejorar tu habla. Aunque estas presiones pueden parecerte muy grandes ahora, parecerán aun más grandes cuanto más te acerques a la búsqueda de trabajo o a la universidad. No esperes hasta el último semestre para empezar. La terapia no es un asunto que ocurra de la noche a la mañana. Toma tiempo, especialmente para un progreso para toda la vida. Aunque puedes mejorar en tan sólo unas semanas, si no días, la mejoría puede evaporarse tan rápido como la aprendiste. Todo lo que dejarás serán cenizas si no practicas frecuentemente y pones a prueba lo que has aprendido con las palabras y sonidos difíciles, por no hablar de las situaciones difíciles que has tratado de evitar. Date años, o por lo menos meses, si esperas que la terapia funcione.

¿Cómo lidiar cuando todo el mundo quiere ayudar?

Todo el mundo está preocupado y trata de ayudar. Si algún familiar piensa que te ha encontrado ayuda, recuerda que probablemente esté de tu lado, pero también recuerda que probablemente no sepa mucho sobre tu tartamudeo. Por lo tanto, agradécele por interesarse y dile que lo averiguarás. Entonces eres libre de investigar su iniciativa tan minuciosamente como puedas o quieras. Quién sabe, puede haberte hecho un favor. Tal vez encontró un curandero.

¿Puede la terapia curar el tartamudeo?

Nadie ha encontrado una cura para el tartamudeo. Si oyes de alguien que afirma una cura, mantente alejado. Esto no significa que algunos no puedan mejorar tanto como para pensar que están curados. Sin embargo, cuando esto ocurre, es la excepción, no la regla. Si estás determinado a lidiar con el tartamudeo, puedes mejorar tu habla y puedes mejorar tu estado de ánimo.

¿Puedes creer cuando se habla de curas milagrosas?

No. Probablemente no, al menos en lo que se refiere a responderte si conseguirás la ayuda que buscas. El problema reside en saber qué significan estas afirmaciones. ¿Un 98 por ciento de éxito significa curado, mejorar en la fluidez, sentirse mejor, o qué? Muchos terapeutas podrían afirmar éxito al 100 por ciento si cada pequeña mejoría en la fluidez significara un éxito. Pero en realidad esa mejoría es tan pequeña que puede no tener significado.

Los buenos terapeutas no hacen este tipo de afirmaciones. Si un médico vacila en dejarte hablar con alguien a quien ha tratado o vacila en dejarte observar su terapia, si te pone en contacto sólo con ciertos clientes antiguos, usa testimonios de clientes satisfechos o te muestra un anuncio con mucha labia como muestra de su éxito, debes ser precavido. Puede poner un anuncio, pero mientras mejor sea como médico, más discreto será su anuncio. Los buenos médicos no tienen nada que esconder. Están abiertos a cualquier inspección.

¿Probaste la terapia pero no funcionó?

Si ya has recibido terapia y no ayudó, probablemente estés convencido de que no ayudará. Peor aún, puedes estar sintiéndote culpable porque piensas que es tu culpa que la terapia no funcionara. Tal vez también estés asustado de que nunca podrás superarlo. Probablemente estés en lo correcto. Si estás aguardando y esperando que con el tiempo desaparezca, el riesgo es que esperes en vano.

No te desesperes. Hay esperanza. Primero, quizá el médico al que fuiste puede no haberse especializado en tartamudeo. Muchos terapeutas no saben suficiente sobre esto como para ser de gran ayuda. Pero existen especialistas disponibles. Continúa leyendo.

El hecho es que muchos de los que recibieron ayuda, la mayoría de ellos estaban seguros de que no había esperanza. Si tienes dudas, pero aun así quieres intentarlo, habla con personas que han estado en diferentes programas de terapia. Los buenos médicos pueden ponerte en contacto con la mayoría de las personas a las que han tratado. Mira por ti mismo cómo se oye su habla, así como cómo se sienten al respecto y con ellos mismos. Averigua cuánta ayuda sienten que recibieron. Su resultado no garantizará tu resultado, pero te darán un indicio de qué esperar.

¿Tienes miedo de dar todo lo que puedes en la terapia?

Nada es tan temible como tener que enfrentar un momento de verdad. Lo que asusta de hacer tu mayor esfuerzo es la posibilidad de que podría no ser suficiente. Podrías fracasar. Si esto es todo lo que puedes imaginar, si únicamente miras hacia delante con la posibilidad de fracaso en mente, entonces el miedo te paralizará. Sin embargo, intenta ir más allá del fracaso y ve qué pasa. Permítete pensar sobre el fracaso en su manera más grotesca. Dale vueltas en la cabeza. Juega con esto. Hazlo tan malo como puedas, luego imagina hasta el final cada escenario de fracaso tan lejos como puedas llevarlo. Cuando pones al fracaso en perspectiva, no lo hace agradable pero sí lo hace llevadero. Más importante aún, hace posible que des tu mejor esfuerzo y aumenta la posibilidad de que ese esfuerzo tenga éxito.

¿Son 30 minutos a la semana suficientes?

En el mejor de los casos, no. Especialmente si acabas de empezar la terapia. Hasta que no hagas un progreso considerable, 30 minutos a la semana, incluso una hora a la semana, es como ir al cine y no ver nada más que los cortos. El ímpetu y la inspiración ayudan y son difíciles de conseguir incluso con un par de horas a la semana. Sin embargo, si sólo puedes hacer alrededor de una hora a la semana, el progreso será lento pero es posible. Luego, cuando sepas lo que vas a hacer y dependas sólo de ti, sesiones semanales breves pueden ser particularmente útiles.

¿Cómo buscas ayuda?

Antes de ir en busca de terapia, haz una lista de los posibles terapeutas. Lee un poco sobre el tartamudeo y las varias terapias que han sido desarrolladas para tratarlo. La Fundación del Habla (*The Stuttering Foundation*) es una organización sin fines de lucro que se especializa en ayudar a las personas que tartamudean. Tienen publicaciones que contienen la información que necesitas para tu lista.

¿Cómo buscas a un terapeuta que te guste?

Los terapeutas ayudan a las personas que tartamudean de varias y diferentes maneras. Ninguna terapia aislada o terapeuta es bueno para todo el mundo. Encontrar al terapeuta correcto que pueda brindarte la ayuda que quieres así como la ayuda que necesitas es tan difícil como encontrar la enamorada o enamorado correctos. Sin embargo, es posible, no te desesperes.

La Fundación para el Tartamudeo (*The Stuttering Foundation*) puede dirigirte hacia la ayuda especializada, pero tendrás que decidir si el terapeuta te conviene o no. La única manera de saberlo es dándole a quien sea que hayas escogido una oportunidad. Las primeras impresiones no siempre son correctas, pero si tienes fuertes inconvenientes, este terapeuta puede no ser el adecuado para ti. Si has hecho tu tarea y preparado tu lista de posibilidades (ver "¿Cómo buscas ayuda?") probablemente tendrás muchas preguntas que hacer en esas primeras sesiones.

Buscar al médico correcto para que te ayude no es como buscar un mecánico para tu auto o un cirujano para tu apéndice. La destreza y el conocimiento por sí solos no son suficientes. Hasta que no hayas encontrado un terapeuta que tenga destreza y que realmente se preocupe por ti, sigue buscando.

Un mensaje personal

Charles Van Riper, Ph.D.

Cuando yo era un adolescente, hace casi setenta años, el futuro sí que me parecía nada prometedor. Sufría de un tartamudeo agudo con muchos bloqueos largos y difíciles acompañados de muecas y sacudidas de cabeza que no sólo provocaban rechazo en mis oyentes sino que también hacían que me fuera casi imposible comunicarme. Había hecho terapia en un instituto para tartamudos, gané un poco de fluidez temporal, luego recaí y estaba peor de lo que había estado antes. Sólo una vez invité a salir a una chica y su respuesta fue "No estoy tan desesperada". Dar las lecciones en el colegio era tan frustrante para mí, para mis compañeros y para el maestro, que rara vez decía una palabra. Los extraños que me miraban cuando trataba de hablar pensaban que era epiléptico o loco. Aquellos años fueron negros.

Pero la peor parte de esto fue que me sentía no sólo impotente sino desesperado también. ¿Cómo iba a conseguir trabajo o mantenerme a mí mismo? ¿Cómo me iba a casar algún día y criar a una familia? Me sentí desnudo en un mundo lleno de cuchillos de acero. Pensé en el suicidio y lo intenté una vez, pero también fracasé en ello.

Si una adivina en aquel entonces me hubiera predicho que yo tendría una vida maravillosa y gratificante, me hubiera reído amargamente en su cara. Pero, a pesar de mi tartamudeo, o incluso a causa de éste, tengo semejante vida, y tú también podrías. Ahora, a los ochenta y dos años, puedo mirar atrás a aquellos años con una sensación de realización. Tenía un trabajo fascinante que me ayudó a iniciar una nueva profesión. Me casé con una encantadora mujer, tuve tres hijos y nueve nietos, quienes me dieron el amor que anhelaba pero que nunca esperé conseguir. Hice mucho dinero con los muchos libros que escribí. Hice apariciones en películas, televisión y radio; di discursos ante grandes audiencias y di conferencias en todo este país y en muchos países extranjeros. He tenido todo lo que deseé y más. A mi edad estoy contento.

¿Seguramente debo haberme curado del tartamudeo para hacer todas esas cosas? No, he tartamudeado toda mi vida. Creo que soy uno de esos tartamudos incurables. Todo el mundo tiene su propio demonio y el mío es el tartamudeo. Y también es el tuyo. Descubrí que una vez que lo había aceptado como un problema y había aprendido a lidiar con él -al no evitarlo ni esconderlo ni luchar contra él- mi demonio perdió su dominio sobre mí. Si tenía miedo de tartamudear hablaba de todas formas. Si las personas me rechazaban por esto, pues, ¡al diablo con ellas! Dejé de luchar conmigo mismo cuando tartamudeaba; aprendí a tartamudear fácilmente y, cuando lo hice, me volví lo suficientemente fluido como para llevar a cabo cualquier cosa que me propusiera hacer.

He conocido cientos de tartamudos que se las arreglaron para vivir una vida igualmente satisfactoria a pesar de su tartamudeo. Entre ellos había obreros, predicadores, maestros, abogados, incluso un subastador. La única característica que tenían en común era que no permitieron que su tartamudeo les impidiera hablar.

Así que hay esperanza para ti también, mi amigo.

3 1901 06159 2962